3 1994 00842 0637

JUL 1 9 1995

D0568044

To the Reader . . .

The books in this series include Hispanics from the United States, Spain, and Latin America, as well as from other countries. Just as your parents and teachers play an important role in your life today, the people in these books have been important in shaping the world in which you live today. Many of these Hispanics lived long ago and far away. They discovered new lands, built settlements, fought for freedom, made laws, wrote books, and produced great works of art. All of these contributions were a part of the development of the United States and its rich and varied cultural heritage.

These Hispanics had one thing in common. They had goals, and they did whatever was necessary to achieve those goals, often against great odds. What we see in these people are dedicated, energetic men and women who had the ability to change the world to make it a better place. They can be your role models. Enjoy these books and learn from their examples.

Frank de Varona
General Consulting Editor

General Consulting Editor
Frank de Varona
Associate Superintendent
Bureau of Education
Dade County, Florida, Public Schools

Consultant and Translator
Gloria Contreras
Professor of Education
College of Education
University of North Texas

Copyright © 1993 Steck-Vaughn Company

Copyright © 1989 Raintree Publishers Limited Partnership

All rights reserved. No part of the material protected by this copyright may be reproduced or utilized in any form by any means, electronic or mechanical, including photocopying, recording, or by any information storage and retrieval system, without permission in writing from the copyright owner. Requests for permission to make copies of any part of the work should be mailed to: Copyright Permissions, Steck-Vaughn Company, P.O. Box 26015, Austin, TX 78755. Printed in the United States of America.

Library of Congress number: 88-38060

Library of Congress Cataloging in Publication Data

Thompson, Kathleen
   Simón Bolívar / Kathleen Thompson & Jan Gleiter.
   (Raintree Hispanic stories)
   English and Spanish.
   Summary: A biography of "El Libertador," whose victories over the Spaniards won independence for Bolivia, Colombia, Ecuador, Peru, and Venezuela.
      1. Bolívar, Simón, 1782–1830—Juvenile literature. 2. South America—History—Wars of Independence, 1806–1830—Juvenile literature. 3. Heads of state—South America—Biography—Juvenile literature. [1. Bolívar, Simón, 1783–1830. 2. Revolutionists. 3. Heads of state. 4. Spanish language materials—Bilingual.]
F2235.3.T5   1988   980'02'0924—dc19   [B] [92]   88-38060

ISBN 0-8172-2902-7   hardcover library binding

ISBN 0-8114-6751-1   softcover binding

         5 6 7 8 9 0   97 96 95 94

J BIL SP B BOLIVAR, S. GLE
Gleiter, Jan
Simon Bolivar

$19.97
CENTRAL   31994008420637

SIMÓN BOLÍVAR

Jan Gleiter and Kathleen Thompson
Illustrated by Tom Redman

RSVP
RAINTREE
STECK-VAUGHN
PUBLISHERS
The Steck-Vaughn Company

Austin, Texas

Simón Bolívar was born in 1783 in a country where the rich were very rich and the poor were nearly without hope. He, like all the other very rich people in Venezuela, was of Spanish origin.

Simón Bolívar nació en 1783 en un país donde los ricos eran muy ricos y los pobres vivían casi sin esperanzas. Él, como todos los ricos de Venezuela, era de origen español.

By the time Simón was nine, both his parents had died. His uncle hired several tutors to teach the boy, but Simón was not easy to handle. Finally, Simón Rodríguez was hired and the problem was solved. The two Simóns got along very well together. For the next six years, until young Simón was fourteen, Rodríguez taught him the ideas of the great European thinkers of that time, such as Jean-Jacques Rousseau, who believed in liberty and equality.

Cuando Simón cumplió nueve años, sus padres ya habían muerto. Su tío empleó a varios tutores para que lo educaran, pero Simón no era fácil de disciplinar. Por fin, empleó a Simón Rodríguez y el problema se resolvió. Los dos Simones se llevaban muy bien. Durante seis años, hasta que el joven Simón cumplió catorce años, Rodríguez le enseñó las ideas de los grandes pensadores europeos de ese tiempo, como Jean Jacques Rousseau, quienes creían en la libertad y la igualdad.

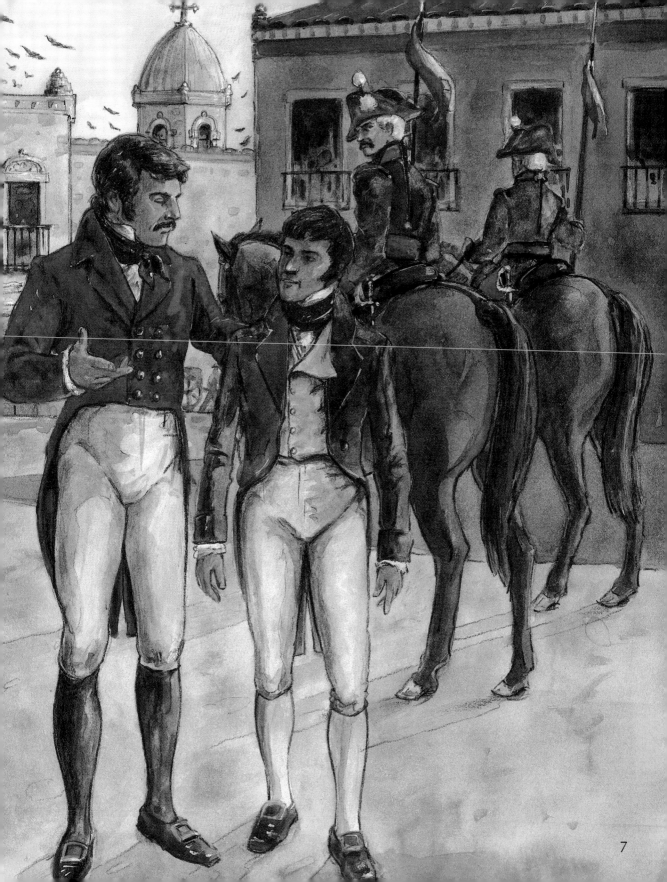

Rousseau had also believed that "one thinks only of how to protect one's child . . . one should teach him how to protect himself . . . to support life, if it becomes necessary, in the bitter cold of Iceland, or on the burning rock of Malta."

And that's what Rodríguez taught Simón. Along with the usual school lessons, he showed him how to fight and how to live in the wilderness or in the city. He taught him how to survive.

También creía Rousseau que "uno piensa únicamente en cómo proteger a su hijo... debía enseñarle a protegerse a sí mismo... cómo sobrevivir, en caso necesario, en el frío penetrante de Islandia o en la roca ardiente de Malta".

Y eso es lo que Rodríguez le enseñó a Simón. Con las lecciones escolares acostumbradas, le enseñó a pelear y a vivir en la selva o en la ciudad. Es decir, le enseñó a sobrevivir.

Rodríguez had to leave Venezuela in 1797 because he had been involved in a revolution that failed. At that time, there were already people who wanted to free Venezuela from Spain.

But a few years later, the two Simóns were together again, traveling across Europe. It was Simón Bolívar's second visit. He had come to Europe at sixteen, married a Spanish nobleman's daughter at eighteen, and gone back with her to Venezuela. His young wife died ten months later of yellow fever.

Simón returned to Europe, and this visit would change his life. He was in Paris, France, when Napoleon Bonaparte crowned himself emperor. As he watched tens of thousands of people cheer, it seemed to him that a person could want nothing greater than this kind of love. And he said later that it made him think of his unhappy country and the glory that would go to the person who freed it.

Rodríguez tuvo que salir de Venezuela en 1797 por haber participado en una revolución que fracasó. En ese tiempo ya había gente que quería liberar a Venezuela de España.

Varios años después, los dos Simones se reunieron nuevamente, viajando a través de Europa. Era la segunda visita de Bolívar. Viajó a Europa a los dieciséis años. Se casó con la hija de un noble español a los dieciocho años y regresó con ella a Venezuela. Su joven esposa murió de la fiebre amarilla diez meses después.

Simón regresó a Europa y esta visita cambiaría su vida. Estuvo en París, Francia, cuando Napoleón Bonaparte se coronó emperador. Mientras él observaba a cientos de miles de personas tan animadas y alegres, le pareció que el mayor deseo era verse rodeado de esta clase de afecto. Y después dijo que eso le hizo pensar en su país tan infeliz y en la gloria que obtendría la persona que lo liberara.

Later, Simón and Rodríguez went to Rome. On a hill above the city, Simón Bolívar fell down on his knees and swore that he would not rest until he had set his country free from Spain. Bolívar dedicated the rest of his life to the fulfillment of that vow.

Many terrible years and two revolutions later, Simón Bolívar finally began to make that dream come true.

Después, Simón y Rodríguez fueron a Roma. En una colina en lo alto de la ciudad, Simón Bolívar se arrodilló y juró que no descansaría hasta que liberara a su país de España. Bolívar dedicó el resto de su vida a cumplir su promesa.

Después de muchos años terribles y dos revoluciones, Simón Bolívar finalmente empezó a realizar su sueño.

The beginning, in a way, came in 1819. Bolívar had already fought in a revolution led by General Francisco de Miranda. It had been a failure. A second failed revolution had been led by Bolívar himself. He had almost won. But, in the end, he had been beaten by the cowboys of the Orinoco Valley, fighting on the side of the Spanish.

Now, about fifteen years after Bolívar had made his vow on a Roman hill, he was leading an army of twenty-one hundred men into New Granada (present-day Colombia and Panama) from the Orinoco region of Venezuela. Behind him were two failed revolutions. In front of him were seven thousand Spanish soldiers—and victory.

El principio, se puede decir, sucedió en 1819. Bolívar ya había participado en una revolución dirigida por el general Francisco de Miranda. Fue un fracaso.

Una segunda revolución dirigida por el mismo Bolívar también fracasó. Casi había ganado. Pero al final lo vencieron los vaqueros del valle del Orinoco, peleando al lado de los españoles.

Ahora, casi quince años después de que Bolívar había hecho su juramento sobre la colina de Roma, dirigía un ejército de dos mil cien hombres hacia Nueva Granada (ahora Colombia y Panamá) desde la región del Orinoco de Venezuela. Bolívar ya había fracasado en dos revoluciones. Frente a él había siete mil soldados españoles —y el triunfo.

It had taken five years to rebuild his forces after the failure of the second revolution. But now Bolívar had joined with General Francisco de Paula Santander of New Granada. Together with some British and Irish troops, they would free both their countries—New Granada first and then Venezuela.

It was the rainy season. Bolívar set out just as the heaviest rains began. There were three roads into New Granada. Bolívar chose the most difficult because it was the one the enemy would not expect him to use. As the army plodded on, Bolívar rode back and forth, encouraging his men. He carried the weak and sick on his own horse across streams that had overflowed their banks.

Le había tomado cinco años para reponer su ejército después del fracaso de la segunda revolución. Pero ahora Bolívar se había unido al general Francisco de Paula Santander de Nueva Granada. Junto con algunas tropas británicas e irlandesas, ellos libertarían a ambos países, primero a Nueva Granada y luego a Venezuela.

Era la temporada de lluvia. Bolívar salió cuando empezaban las lluvias más fuertes. Había tres caminos a Nueva Granada. Bolívar escogió el más difícil por ser el que el enemigo menos esperaba que usara. Mientras adelantaba el ejército, Bolívar iba de arriba a abajo animando a sus tropas. Cargaba a los débiles y enfermos en su propio caballo atravesando los arroyos crecidos.

As the army passed over the plains of Casanara, they marched for a week in water up to their waists. They had to hold their guns above their heads to keep them dry. Each night they had to search for some bit of high land where they could sleep in mud instead of in water. There were no roads, so they had to cut their way through thick jungle. There were no bridges, so they had to build cowhide boats as they went along.

Cuando el ejército pasaba por los llanos de Casanara, marcharon por una semana con el agua hasta la cintura. Tenían que llevar los rifles por arriba de sus cabezas para que no se mojaran. Cada noche buscaban un poco de tierra elevada donde podrían dormir en el lodo y no en el agua. No había camino, y tenían que abrirlo por la espesa selva. No había puentes, y tenían que hacer barcos de vaqueta para avanzar.

After crossing the plains, they faced the Andes Mountains.

Bolívar lost many soldiers in the mountains. Horses began to go lame. Since the men from the plains loved their horses better than they loved themselves, they took their horses and went home. Many other soldiers died in the cold and stormy weather. But Bolívar kept on. He led the army over the mountains and down into New Granada.

Después de cruzar los llanos, se encontraron con la Cordillera de los Andes.

Bolívar perdió a muchos soldados en esas montañas. Aun los caballos comenzaron a cojear. Los hombres de los llanos amaban a sus caballos más que a sí mismos y, por eso, regresaron a sus casas con sus caballos. Muchos otros soldados murieron en el frío y durante las tempestades. Pero Bolívar siguió adelante. Dirigió el ejército a través de las montañas y bajó a Nueva Granada.

When Bolívar reached New Granada, his army was only a few hundred men. But his plan to surprise the Spanish worked. By the time they recovered, it was too late. Bolívar had won. Three days later, his army reached Bogotá. In December he was made president and military ruler of the Republic of Colombia. This new republic was made up of New Granada, Venezuela, and Quito, later to be called Ecuador. The only problem was that Venezuela and Ecuador still had to be set free.

Cuando Bolívar llegó a Nueva Granada, sólo había unos cientos de hombres en su ejército. Pero su plan de sorprender a los españoles le salió bien. Cuando se recobraron, ya era muy tarde. Bolívar había triunfado. A los tres días su ejército llegó a Bogotá. En diciembre fue nombrado presidente y jefe militar de la República de Colombia. Esta nueva república la formaban Nueva Granada, Venezuela y Quito, que después sería Ecuador. El único problema era que Venezuela y Ecuador aún tenían que liberarse.

23

In June 1821, Bolívar defeated the Spanish in the Battle of Carabobo, and Venezuela was free. Bolívar appointed General Santander to take care of the country, as he had in New Granada, and went on to free Ecuador.

In Ecuador, Bolívar met the great love of his life, Manuela Sáenz.

In 1824, Bolívar, with his chief of staff Antonio José Sucre, helped to liberate Peru. A few months later, Sucre freed Upper Peru. This new country chose to be called Bolivia in honor of Bolívar.

Bolívar was now president of Peru, Bolivia, and the Republic of Colombia. He was determined to create a league of Hispanic-American countries. In 1826, a convention met in Panama which included Bolívar's countries, Central America, and Mexico. The convention was not entirely successful, but it was the beginning of a kind of international cooperation.

En junio de 1821, Bolívar venció a los españoles en la batalla de Carabobo, y Venezuela quedó libre. Bolívar nombró al general Santander para que se hiciera cargo del país, como lo había hecho en Nueva Granada, y se fue a liberar a Ecuador.

En Ecuador, Bolívar conoció al gran amor de su vida, Manuela Sáenz.

En 1824, Bolívar con su jefe de estado mayor, Antonio José Sucre, ayudaron a liberar a Perú. Unos meses después, Sucre liberó al Alto Perú. Este nuevo país decidió llamarse Bolivia en honor de Bolívar.

Bolívar era ahora presidente de Perú, Bolivia y la República de Colombia. Se había propuesto formar una liga de países hispanoamericanos. En 1826, hubo una asamblea en Panamá que incluía los países de Bolívar, Centroamérica y México. La asamblea no tuvo mucho éxito, pero fue el principio de cooperación internacional.

In 1826, things began to fall apart for Simón Bolívar. Venezuela and New Granada no longer wanted to be united as one country. Civil war broke out and Bolívar left Peru to try to hold the Republic of Colombia together. He didn't succeed. And the people resented the way he took over the country. In fact, he escaped being assassinated only through the courage and cleverness of Manuela Sáenz in Bogotá, Colombia, in 1828.

En 1826, Simón Bolívar empezó a perder el poder. Venezuela y Nueva Granada ya no querían estar unidas como un solo país. Comenzó una guerra civil y Bolívar salió de Perú para tratar de conservar unida la República de Colombia. No lo logró. Y la gente resentía el modo en que se había apoderado del país. De hecho, él se escapó de ser asesinado únicamente por el valor y el ingenio de Manuela Sáenz en Bogotá, Colombia, en 1828.

In the middle of the night, Bolívar was awakened by dogs barking and confused noise somewhere in the palace. He grabbed his sword and pistol and started to run out the door, but Manuela stopped him. Voices were now calling, "Death to the tyrant! Death to Bolívar!" Manuela opened a window a few feet above ground. Then she signaled to Bolívar. As he jumped out the window, the door to the room crashed open. Manuela grabbed a sword and rushed the assassins.

They were so stunned that Manuela was able to hold them off and then convince them that Bolívar was somewhere else.

A medianoche Bolívar despertó con los ladridos de los perros y unos ruidos extraños en el palacio. Tomó su espada y pistola y empezó a correr hacia la puerta, pero Manuela lo detuvo. Las voces gritaban: "¡Muerte al tirano! ¡Muerte a Bolívar!" Manuela abrió una ventana que estaba a unos cuantos pies del suelo. Luego le hizo señas a Bolívar. Al tiempo que él brincó por la ventana, la puerta del cuarto se abrió con un golpe. Manuela tomó una espada y se lanzó sobre los asesinos.

Se sorprendieron tanto que Manuela podía detenerlos y convencerlos de que Bolívar estaba en otro lugar.

In the end, Bolívar realized that he was now a danger to the peace of the very countries he had set free. So, in May 1830, he decided to leave South America and go to Europe. When he was ready to leave, however, he was told about more trouble in Bogotá, and he canceled his trip. Instead, Bolívar went to stay at the home of a Spanish gentleman who had always been one of his admirers. Bolívar died there on December 17, 1830, of tuberculosis.

Al final, Bolívar se dio cuenta de que se había convertido en una amenaza para los países que él mismo había liberado. En vista de esto, en mayo de 1830, decidió salir de la América del Sur y viajar a Europa. Sin embargo, cuando estaba listo para partir, se enteró de más problemas en Bogotá y canceló el viaje. En lugar de viajar, Bolívar se quedó en la casa de un amigo suyo, un caballero español, quien siempre lo había admirado. Allí, Bolívar murió de tuberculosis el 17 de diciembre de 1830.

GLOSSARY

convention A gathering of people who meet for a common purpose.

cowhide Leather made from the hide, or skin, of a cow.

delegation A group of persons who are chosen to represent other persons.

league An association of countries or other political groups for a common purpose.

revolution A basic change in a country's political structure, usually involving replacing one government with another.

wilderness An area that has not been disturbed by any human activity.

GLOSARIO

asamblea Reunión de personas convocadas para un fin.

delegación Un grupo de personas escogidas para representar a otras.

liga Confederación, alianza de países u otros grupos políticos.

revolución Cambio violento en las estructuras políticas, sociales o económicas de un gobierno.

selva Terreno extenso, inculto y muy poblado de árboles.

vaqueta Piel de ternera curtida.